1852 (17 au 19 mai)

CATALOGUE

D'UNE PRÉCIEUSE COLLECTION

DE

TABLEAUX

ANCIENS

DES MAITRES ALLEMANDS, FLAMANDS ET HOLLANDAIS

DE QUELQUES GRAVURES

D'OBJETS DE CURIOSITÉS

MEUBLES, BRONZES, MARBRES

PORCELAINES DE CHINE, ETC.

DONT LA VENTE AURA LIEU

Par suite du décès de M. le Général Comte DE TURENNE, ancien Pair de France, etc.

Les Lundi 17, Mardi 18 et Mercredi 19 Mai 1852

HEURE DE MIDI

RUE ROYALE-S.-HONORÉ, 8

Par le ministère de M⁰ REGNARD-SILVESTRE, Commissaire-Priseur
rue Chanoinesse, 19;
Assisté de M. DEFER, Expert pour les Tableaux, quai Voltaire, 21
et de M. ROUSSEL, Expert pour les Curiosités, rue du Dragon, 33

Chez lesquels se distribue le Catalogue

Exposition publique
Les Samedi 15 et Dimanche 16 Mai, de midi à 4 heures

PARIS
IMPRIMERIE DE GUIRAUDET ET JOUAUST
RUE SAINT-HONORÉ, 338

1852

ORDRE DE LA VENTE.

La Vente après le décès de M. le Général Comte de Turenne comprendra, outre la collection de *Tableaux et Objets de curiosités* indiqués dans ce catalogue, *la Bibliothèque*, dont la notice se distribue chez M. Pourchet, libraire-expert, rue Dupuytren, 4, et divers *Meubles, Voitures, Batterie de cuisine*, etc.

EXPOSITION PUBLIQUE

Les Samedi 15 et Dimanche 16 mai 1852, de midi à 4 heures.

Les tableaux seront vendus les *Lundi* 17 et *Mardi* 18.
Les objets de curiosités, argenterie, montres, bronzes, marbres, et les meubles principaux le *Mercredi* 19.
Les livres le *Vendredi* 21.
Les voitures, tapis, le reste des meubles, la batterie de cuisine, etc., le *Samedi* 22.

A MIDI, RUE ROYALE-SAINT-HONORÉ, 8.

La vente se fera très expressément au comptant; les adjudicataires paieront 5 p. 100 en sus du prix de leurs adjudications, applicables aux frais.

Le Catalogue se distribue, à l'Étranger :

A LONDRES,   chez M. COLNAGHI, Pall Mall East, 14.
A AMSTERDAM,   M. BUFFA, Kalverstraat.
A LEIPSIC,   M. R. WEIGEL.
A MANNHEIM,   MM. ARTARIA et FONTAINE.
A BRUXELLES,   M. HERIS.

AVERTISSEMENT.

La Collection dont nous donnons le Catalogue a été formée dans les Pays-Bas, pendant *un séjour de trois années*, en 1816, 1817, 1818; elle se compose de ces Tableaux flamands et hollandais qui deviennent de plus en plus rares à trouver, tant à Paris qu'en Belgique et en Hollande, et qui sont recherchés avec tant de faveur. Pour donner une idée du mérite de cette réunion, il nous suffira de citer les noms des maîtres suivants dont les productions figurent dans ce cabinet, savoir : les Ostade, K. Dujardin, J.-B. Weenix, Jean Steen, les Mieris, Teniers, G. Dow, Van der Werff, Netscher, Van der Neer, Wouvermans, Van Staveren, Dietricy, Paul Potter, Gonzalès Coque, Hondekoeter, Van Dyck, Ruisdaël, Moucheron, Pierre de Hooge, et autres peintres de premier et second ordre ; quelques tableaux de Granet et de M. Watelet.

Des Gouaches et Gravures, dont une épreuve avant la lettre de la Cène par Raphaël Morghen.

Des objets de curiosités, parmi lesquels on remarque une magnifique table en mosaïque de Florence.

DÉSIGNATION DES TABLEAUX.

ASSELIN (Jean).

1 — Ruines d'une porte d'une ville anciennement fortifiée, dont la mer baigne le pied. Vers le milieu, à gauche, une embarcation; à droite, sur un mur, on lit *Asselin*, 1647.

T. sur bois.

BAUT et BOUDWINS.

2 — Un chemin bordé d'arbres conduisant à un village; il est parcouru par divers cavaliers, paysans et animaux divers.

T. sur bois.

BEERSTRATE (Jean).

3 — Marine. A gauche une ville et un château fortifié, à droite la mer, où se voient diverses embarcations, galères et vaisseaux voiles déployées. On lit vers la gauche, sur une muraille, *Beerstrate*, 1657.

T. sur toile.

BERKEIDEN.

4 — Intérieur de la ville de Breda, vue de la place de

l'église, que l'on voit à droite. Composition animée de beaucoup de figures.

T. sur toile.

BERGHEM (Nicolas).

5 — Paysage boisé, vers le fond, à droite, une tour, des fabriques et des montagnes; au premier plan, un champ que laboure un paysan avec sa charrue traînée par deux bœufs.

T. sur bois.

BERGEN (Thirry van).

6 — Un troupeau de vaches et de moutons gardé par un berger qui joue de la flûte.

T. sur toile.

Du Même.

7 — Paysage au milieu duquel une paysanne trait une chèvre, ce que regarde un berger appuyé sur une vache.

T. sur toile.

BREEMBERG (Bartholoméo).

8 — Ruines du Colysée; au premier plan deux femmes romaines et un enfant, et, plus en avant, un jeune pâtre assis sur des arbres morts.

T. sur toile.

BREUGHEL (Jean) dit de VELOURS.

9 — Vue d'une rivière de Hollande bordée à gauche de grands arbres et d'un village, et dans le fond la vue d'une ville. Le premier plan offre diverses embarcations, dont un bac chargé de passagers, hommes et chevaux.

T. sur cuivre.

BRILL (Paul) et ROTTENHAMER.

10 — Des enfants dans un paysage, huit sont placés au premier plan, dansant en rond au son de la musique que font quatre autres enfants au pied d'un arbre sur un tertre élevé ; trois autres enfants, dont un en l'air jette des fleurs.

T. sur toile.

CRAESBECKE (Joseph van).

11 — L'Arracheur de dents ; quatre figures dans l'intérieur d'un laboratoire.

T. sur bois.

DECKER (Jean).

12 — Chaumières d'un village hollandais au bord d'une rivière où se voient, au second plan, deux hommes dans un bateau. Tableau traité dans le goût de Huisdaël, dont Decker était imitateur.

T. sur bois.

DEMARNE.

13 — La Vivandière. Elle offre à boire à deux soldats assis autour d'un tambour.

T. sur bois.

Du Même.

14 — Scène champêtre, un fixé, médaillon.

DENIS.

15 — Paysage. Forêt traversée par un courant d'eau ; des vaches viennent s'y désaltérer ; effet de soleil couchant.

T. sur toile.

DE VRIES.

16 — Canal de Hollande traversé par un pont conduisant à des chaumières, à droite de la composition.

T. sur bois.

DIETRICY (ERNEST CHRISTIAN).

17 — Le Satyre chez le paysan, composition de quatre figures. On lit dans le haut : *Dietricy*, 1763.

T. sur bois.

Du Même.

18 — Paysage de style agreste, rochers et chute d'eau ; au premier plan des soldats. Composition dans le goût de Salvator Rosa. Signé *Dietricy*, 1758.

T. sur toile.

DOES (Van der).

19 — Troupeau de vaches et moutons, se dirigeant vers la gauche, conduit par deux jeunes garçons.

T. sur toile.

DOW (Gérard).

20 — Jeune cuisinière hachant des oignons dans un baquet ; près d'elle, un jeune enfant lui en montre un qu'il vient de prendre. Cette scène est éclairée par le jour venant d'une croisée à gauche. Divers accessoires, un vidercome renversé, une cage et une poule pendues, complètent ce joli petit tableau.

T. sur bois.

DUGHET, dit POUSSIN (Gaspard).

21 — Ville fortifiée, site d'Italie ; en avant, au premier plan un massif d'arbres et un cours d'eau ; à droite un troupeau de moutons en marche et deux bergers couchés sur l'herbe.

T. sur toile.

DUJARDIN (Carle).

22 — Paysage. Au premier plan, au milieu de la composition, une paysanne tenant un fuseau; elle garde une belle vache blanche, des moutons et un jeune ânon. A gauche, une haie d'osier en avant de deux arbres. Le fond offre des montagnes.

T. sur bois.

Du Même.

23 — Un pâtre assis, vu par le dos, près de lui une vache qui paît et en avant une brebis et son agnelet; il a aussi près de lui son chien. Au coin, à gauche, on lit : *K. Dujardin.*

T. sur bois.

DYCK (Antoine van).

24 — Deux têtes d'enfant, l'une de face, l'autre de profil. Esquisse remarquable.

T. sur bois.

Du Même.

25 — Etude d'un cheval blanc effrayé par la foudre. C'est celui du tableau représentant l'empereur Charles-Quint à cheval qui est à la galerie de Florence.

T. sur toile.

ERREMBERG.

26 — Intérieur d'une église de riche architecture gothique, animé d'un grand nombre de figures, dont les principales, au premier plan, représentent Jésus-Christ et la femme adultère.

T. sur toile.

Du Même.

27 — Intérieur d'une riche église de Hollande. Au premier plan, des fonts baptismaux où se faire la cérémonie d'un baptême; plus loin, la marche d'une mariée, musique en tête, et divers autres épisodes de cérémonies religieuses.

T. sur toile.

FICTOOR (Jean) ou VICTOOR.

28 — Abraham et Sara; près de cette dernière, son fils Isaac.

T. sur toile.

FRANCK.

29 — L'Adoration des Rois.
T. sur bois.

GONZALÈS (Coques).

30 — Paysage où se voit un bourgmestre partant pour la

chasse et faisant ses adieux à sa famille ; il tient son fusil de la main droite et son chapeau de la gauche ; il salue une dame assise, un enfant appuyé sur ses genoux, ayant à sa gauche une nourrice portant un enfant, à sa droite une jeune fille dans un riche costume. Au premier plan à gauche deux chasseurs et leurs chiens. Composition de huit figures.

T. sur bois.

HAGEN (Van der).

31 — Paysage. Entrée de forêt ; à droite, un rocher avec chute d'eau tombant dans un ravin ; à gauche, à l'ombre de grands arbres, des chasseurs se reposent ; un peu vers la droite, un chasseur tire sur des oiseaux.

T. sur toile.

Du Même.

32 — Paysage. Entrée de forêt ; à gauche, se voient des animaux et des pâtres ; du côté opposé, une mare d'eau.

T. sur toile.

HARP (Van).

33 — Bohémiens dans une auberge ; parmi eux, six hommes et femmes sont autour d'une table à jouer aux cartes, deux sont occupés à plumer

des volailles, et les autres sont groupés près d'une cheminée, à la gauche du fond.

T. sur toile.

HEM (David de).

34 — Sur une table en pierre, un jambon et des fruits, cerises, citron, etc.

T. sur bois.

HOECKE (Robert van).

35 — Un camp dans un vaste paysage. Petit tableau d'un grand nombre de figures. On y lit : *R. V. Hoecke, 1652.*

T. sur bois.

HOET (Guérard).

36 — Une femme attachée nue à un arbre est fouettée par un satyre.

T. sur cuivre.

HONDEKOETER (Melchior).

37 — Dans un jardin, sur une balustre en pierre, se voit un magnifique paon, près de lui un geai, et sur le devant du bas du tableau, des canards.

T. sur toile.

HOOCH (Pierre de).

38 — Jeune fille assise près d'une croisée; elle fait de la dentelle.

T. sur bois.

HOREMANS.

39 — Un peintre peignant le portrait d'une dame. Au premier plan, un homme qui broye des couleurs se permet quelques libertés avec une femme tenant un enfant par la main.

T. sur toile.

LAEER (Pierre de).

40 — Scène champêtre. Des paysans au repos; près d'eux, un cheval blanc.

T. sur bois.

LE BRUN.

41 — Jeune fille le sein découvert; elle est couchée dans un fauteuil. On lit : *Le Brun, f.* 1772. Greuze, ami de Lebrun, a retouché ce tableau.

T. sur toile, forme ovale.

LINGELBAC (Jean).

42 — Vue de l'intérieur d'un port d'une ville de Hollande. Au premier plan, des pêcheurs et vendeuses de marée.

T. sur bois.

LOTTI (Carlo).

43 — Un apôtre en méditation sur une tête de mort.

T. sur toile.

MAES (Nicolas).

44 — Une jeune femme hollandaise plume un canard; elle est assise près d'une croisée ouverte. Au coin, à droite, la signature du maître.

T. sur toile.

MATSYS (Quentin).

45 — Philosophe; il montre une tête de mort.

T. sur bois.

MIERIS (François).

46 — Au premier plan, un homme assis, les genoux croisés, tenant une pipe à la main, sourit à une femme qui lui verse à boire; près de lui, à droite, une table couverte d'un riche tapis, et du même côté, dans le fond, plusieurs personnes boivent et conversent près d'une cheminée. Au premier plan, un chien couché. On lit à droite : *F. Mieris*, 1665.

T. sur toile et reporté sur bois.

MIERIS (Jean).

47 — Une jeune femme assise devant un miroir placé

sur une table de marbre, sur laquelle est une boîte à poudre et un riche tapis de Turquie; elle tourne ses regards vers un papillon qui vole vers le haut, à gauche. Dans le fond, à droite, arrive une vieille servante.

T. sur bois.

MOLNAER (Jean.)

48 — Un village hollandais en avant duquel est un chemin où se voient quelques figures.

T. sur toile.

Du Même.

49 — Un canal glacé de la Hollande où se divertissent, en traîneau et à patiner, les habitants d'une ville que l'on aperçoit dans le fond. Au premier plan, à droite, une auberge où viennent se reposer les patineurs.

T. sur toile.

MOMERS.

50 — Une vaste campagne terminée à l'horizon par des montagnes. Au premier plan, un pâtre, des moutons et une paysanne sur un âne; elle parle à un jeune paysan qui vient de se laver les pieds dans un ruisseau qui est à droite de la composition.

T. sur bois.

MOMPERS et MICHAU.

51 — Une grotte, d'où sort un chemin conduisant à une vaste campagne au milieu de laquelle est une église. Ce chemin est animé d'un grand nombre de figures peintes par Théobald Michau.

T. sur bois.

MOUCHERON (Frédéric).

52 — Vue prise dans un parc. Au coin, à gauche de la composition, l'entrée d'un château d'où descend une dame que vient saluer un jeune seigneur; sur un plan plus éloigné, un homme à cheval demande son chemin à un chasseur suivi de ses chiens. Ces figures sont attribuées à Ad. Van de Velde.

T. sur bois.

Du Même.

53 — Paysage. Le soleil se couche derrière un rocher orné de fabriques et d'où sort une cascade dont les eaux viennent tomber dans un ravin et forment un ruisseau que va traverser un pâtre et son troupeau que l'on voit au premier plan.

T. sur toile.

MURAND (Emmanuel).

54 — Ruines d'anciens châteaux. Au premier plan, un chemin où se voient diverses figures se dirigeant

à gauche; des chèvres se remarquent du côté opposé.

T. sur toile.

NEER (Arthur van der).

55 — Village de Hollande traversé par une rivière; effet de clair de lune.

T. sur toile.

Du Même.

56 — Divertissement d'hiver sur la rivière la Schie, près la ville de Delft, que l'on aperçoit dans le lointain. Des maisons et de grands arbres bordent chaque côté de la rivière glacée, sur laquelle on voit grand nombre de patineurs et traîneaux. A gauche, sur une planche, le monogramme du maître.

T. sur bois.

NEER (Eglon van der).

57 — Dans un riche intérieur, un seigneur reçoit des marques de tendresse d'une dame assise à ses côtés; vers le fond arrive, armé d'un sabre, un mari jaloux qui va les surprendre.

T. sur bois.

NEEFFS (Peter).

58 — Intérieur d'une église de Hollande, animé de di-

verses figures, parmi lesquelles on remarque un prêtre disant la messe.

T. sur bois.

NETSCHER (Gaspard).

59 — Jeune femme de distinction faisant de la dentelle ; elle est assise près d'une table recouverte d'un riche tapis de Turquie ; elle est vêtue d'une robe de satin blanc et d'un justaucorps de satin violet ; à sa droite, un tabouret sur lequel est un chat. Cet intérieur est éclairé par une croisée à gauche.

T. sur bois.

ORISONTI.

60 — Paysage de style.

T. sur toile.

ORIOLE (de Gênes).

61 — Vue du Lazaret de Marseille.

62 — Temple de Diane à Nîmes.

OSTADE (Adrien van).

63 — Intérieur d'estaminet hollandais. Cinq paysans près d'un feu ; l'un d'eux, plus en avant, est debout et vient ôter son bonnet et prendre la main d'une femme assise au premier plan, son enfant sur ses genoux. Dans le fond, à droite,

plusieurs figures; à gauche, des enfants jouant aux billes, et au delà, sous une porte, une paysanne se défend des embrassements d'un paysan. Composition importante de quinze figures. On lit au coin du bas, à gauche, le nom du maître et la date de 1656.

T. sur bois.

Le Même.

64 — Quatre paysans autour d'une table; l'un, au premier plan, vu par le dos, tient une pipe de la main gauche; dans le fond, près d'une croisée, un homme et une femme. On lit à gauche le nom du maître.

T. sur bois.

OSTADE (Isaac).

65 — Intérieur d'une chaumière hollandaise où des paysans et paysannes et enfants boivent et se chauffent.

T. sur bois.

PALAMEDES.

66 — Un festin espagnol. Composition d'un grand nombre de figures.

T. sur bois.

PANNINI (Giampolo).

67 — Ruines romaines; au premier plan trois figures.

T. sur toile.

PETERS (Bonaventure).

68 — Un château fort au milieu d'une mer orageuse, et des vaisseaux battus par les flots.

T. sur bois.

PINAKER (Adam).

69 — Intérieur d'un bois; au premier plan, à gauche, quatre paysans se reposent; à droite, sur un plan plus éloigné, diverses autres figures.

T. sur toile.

POEL (Van der).

70 — Une paysanne dans une basse-cour; autour d'elle des poules et des ustensiles de buanderie, chaudrons, cuves, etc.

T. sur bois.

Le Même.

71 — Incendie d'un village; des soldats se livrent au pillage. Effet de nuit.

T. sur bois.

POELEMBOURG (Corneille)

72 — Paysage avec ruines; au premier plan des baigneurs et baigneuses.

T. sur bois.

Du même.

73 — Paysage avec ruines; au premier plan, épisode de Tobie et l'ange.

T. sur bois.

Du Même.

74 — Paysage; des baigneuses au premier plan.

T. sur bois.

POTTER (Paul).

75 — Etude de taureau; il est dirigé vers la gauche; le fond offre la vue d'un village entouré d'arbres.

T. sur bois.

RUISCH (Rachel).

76 — Pêches et raisins.

T. sur toile.

RICKAERT (David).

77 — Au milieu du tableau et groupés autour d'une table un grand nombre d'ustensiles de cuisine;

derrière cette table un cuisinier tient un quartier de porc ; dans le fond, vers la droite, trois figures ; épisode du satyre et le paysan. A gauche, à terre, on lit : *D. Ryckaert.*

T. sur toile.

Du Même.

78 — Un homme joue de la guitare, tandis qu'une femme placée derrière lui va lui verser à boire ; à droite, divers accessoires de cuisine, et dans le fond une servante.

T. sur bois.

RISBRACK

79 — Paysage ; en avant d'une tour en ruine un chemin où se voient des bergers et leurs troupeaux ; vers la gauche, une campagne dont l'horizon se termine par des montagnes.

T. sur toile.

ROMAIN (Jules).

80 — Tête de guerrier, d'un grand caractère. Carton pour une bataille.

ROMEYN (Van).

81 — Site d'Italie ; un troupeau de vaches et moutons au repos, en avant d'un tertre derrière lequel on aperçoit les ruines d'un temple ; à gauche, quatre paysans romains qui jouent à la morella. Au milieu du bas on lit le nom du maître.

T. sur bois.

ROOS (Henri).

82 — Paysage, site d'Italie ; à gauche, les ruines d'un vieux château ; au premier plan, un chemin sur lequel se reposent des pâtres et leurs troupeaux de vaches et moutons ; dans le lointain, un pont et des montagnes terminent l'horizon.

T. sur toile.

ROSA (Salvator).

83 — Paysage de style agreste, rochers et chute d'eau ; au premier plan, un pêcheur.

T. sur toile.

RUISDAEL (Jacques).

84 — Paysage. A gauche, à un second plan, des rochers boisés, et au loin un château-fort. A droite, sur un plan éloigné, une chute d'eau. Au premier plan, un chemin où se voient diverses figures, et à gauche des broussailles et des arbres morts renversés.

T. sur toile.

SCKALKEN (Godefroy).

85 — L'Amour visitant Psyché pendant son sommeil ; effet de lumière.

T. sur toile.

SON (Joris van), né à Anvers vers 1622.

86 — Des fruits, raisins, oranges, etc.
T. sur toile.

Du Même.

87 — Des fruits et un plat de poissons posés sur une table en pierre. Signé du maître et la date 1648.
T. sur toile.

STAVEREN (Van).

88 — Jeune femme sortant du bain. Elle démêle ses cheveux et est assise sur une draperie blanche posée sur un tertre, au pied d'un arbre. Au premier plan, des plantes diverses précieusement exécutées. Dans le fond, une arcade laisse apercevoir un paysage.
T. sur bois.

STEEN (Jean).

89 — Les troupeaux d'Abraham en Mésopotamie. Au premier plan, à droite, Sara, assise à terre, se tourne du côté d'Abraham, qui donne des ordres de départ à sa suite, dont on voit déjà en partie les troupeaux en marche. A gauche, à l'ombre d'un beau massif d'arbres, divers serviteurs font leurs préparatifs. Cette importante composition est éclairée par l'effet d'un soleil

couchant. On lit au coin à droite : *Jean Steen*;
1660.

T. sur toile.

Du Même.

90 — Le Chirurgien. Il saigne une jeune femme au milieu de sa famille. Composition de treize figures. On remarque à gauche une table sur laquelle est un tapis de Turquie, un verre, un vidercom et des raisins. Au coin du bas, à droite, la marque du maître et la date de 1650.

Du Même.

91 — Une femme assise sur une balustrade en pierre; elle joue de la guitare. En face d'elle, un homme à figure bachique et enluminée, tenant une pipe et un verre, paraît rire, en la regardant, des libertés que prend un paysan avec une jeune femme, tous deux placés sur un plan éloigné. Au bas du coin, à droite, la signature du maître.

T. sur toile.

STORCK (Abraham).

92 — Intérieur d'un port d'une ville de Hollande. Au premier plan, quantité de jolies figures.

T. sur toile.

STYRINCK (Adrien Van).

93 — Une basse-cour, des geais, coqs, poules et din-

dons. Vers le milieu du bas, la signature du maître, *Van Styrinck fe* 1660.

T. sur toile.

TÉNIERS (David).

94 — Intérieur de corps-de-garde. Au milieu du tableau, trois soldats à une table; autour d'eux, trois paysans les regardent jouer aux cartes. Dans le fond, un soldat, la pique sur l'épaule, semble aller relever une sentinelle.

T. sur cuivre parqueté.

Du Même.

95 — Vue de Flandre. A gauche, deux paysans causent en avant d'une chaumière.

T. sur bois.

96 — Vue de Flandre, pendant du précédent. Marqué du monogramme du maître.

T. sur bois.

ECOLE DE TÉNIERS.

97 — A la porte d'une auberge de village, plusieurs paysans, dont deux dansent au son d'une musette d'un ménétrier monté sur un tonneau.

T. sur toile.

RUBENS ET THULDEN (Van).

98 — Loth, sa femme et ses filles sortant de la ville de

Sodome. Trois anges les accompagnent. Ce tableau porte le caractère des ouvrages de Rubens.

T. sur toile.

TIARINI (Louis).

99 — Le Songe de saint Joseph. Un ange apparaît au saint endormi, et lui montre la Vierge qui tient l'Enfant-Dieu dans ses bras.

T. sur toile.

TORNLIET (Jean).

100 — Une vieille femme, assise, vers la droite, sur des pierres, se dispose à prendre son repas, quand derrière elle arrive un jeune garçon tenant une dame-jeanne de sa main droite, et de la gauche semble indiquer à la vieille femme de l'attendre. On lit vers la droite : *J. Tornliet*.

T. sur toile.

UDEN (Lucas Van).

101 — Paysage traversé par une rivière. A droite, une éminence boisée où se voit une église, et un peu plus bas un champ de blé. Du côté opposé, de beaux arbres et un chemin que parcourent des paysans et divers animaux. Ces figures ont été ajoutées par Demarne.

T. sur toile.

Du Même.

102 — Une chaumière entourée d'arbres, sur un tertre, au milieu de la composition. A gauche, l'entrée d'une forêt; à droite, une vaste campagne. Au bas du coin, à droite, on lit : *Lucas van Uden*, 1642.

T. sur toile.

UDEN (Van).

103 — Paysage traversé par un cours d'eau et boisé de beaux arbres. A droite, deux paysans couchés au pied d'un arbre, et plus loin, du même côté, un pâtre et son troupeau en marche.

T. sur toile.

ULFT (Van der).

104 — Arc de triomphe romain et autres monuments dans une vaste campagne. Importante composition, animée d'un grand nombre de figures, marche d'armée, convoi militaire, etc. Au premier plan, un épisode de l'histoire de César.

T. sur toile.

UYTENWAEL (Joachim).

105 — Repas des Dieux. Composition d'un grand nombre de figures. Ce tableau est cité par *C. van Mander*.

T. sur cuivre.

WEENIX (Jean-Baptiste).

106 — Au pied de ruines romaines, plusieurs figures; à gauche, deux hommes en conversation, dont un est à cheval; plus en avant un jeune garçon tenant un canard parle à une vieille femme assise un fuseau sous son bras. Au milieu et vers la droite, un chien, des chèvres et des moutons, et du même côté, dans le fond, un troupeau et deux cavaliers en marche. Au milieu du devant, on lit : *G. (Giovanni) Batista Weenix.* Cette signature nous indique que ce tableau a été peint en Italie, où Weenix a séjourné quatre ans.

T. sur toile.

WERFF (Adrien Van der).

107 — Une jeune femme évanouie à la lecture d'une lettre qui lui apporte une mauvaise nouvelle; une servante cherche à la relever en paraissant appeler du secours. Au premier plan, à terre, une aiguière et son plateau. On lit, au coin à droite, la signature du maître.

T. sur bois.

Du Même.

108 — La Magdeleine dans le désert; elle est assise à terre, la main droite appuyée sur une tête de mort, à l'entrée d'une grotte.

T. sur bois.

WERSCHURING (Henri).

109 — Marine au clair de lune. Au premier plan, divers navires en panne, au coin du bas à gauche la signature du maître.

T. sur toile.

VÉRONÈSE (Alexandre).

110 — Loth et ses filles.

T. sur bois.

WOUVERMANS (Philippe).

111 — Voyageurs arrêtés à la porte d'une hôtellerie. Un cavalier boit à même une bouteille que vient de lui remettre une paysanne tenant un enfant dans ses bras; il tient en laisse le cheval de son compagnon, qui se repose à terre.

T. sur bois.

ÉCOLE ITALIENNE.

112 — Sujet mystique. Un pieux ermite montre le Ciel à une femme à genoux, vue par le dos, les bras élevés vers lui; près d'elle, un homme à genoux invoque le Ciel, près de deux jeunes enfants couchés morts au premier plan du tableau.

T. sur toile.

ÉCOLE HOLLANDAISE.

113 — Nature morte. Une cruche, des plats et ustensiles de table.

 T. sur bois.

WATELET (M.).

114 — Grand et beau paysage. A gauche, une chute d'eau ; à droite, l'entrée d'une forêt. *Société des Amis des arts.* 1822.

GRANET.

115 — Intérieur d'un cloître, un moine sonne la cloche, tandis que d'autres se dirigent vers le réfectoire.

 T. sur toile.

Du Même.

116 — Intérieur des salles d'une prison. Une jeune femme est conduite par des pénitents noirs.

 T. sur toile.

Du Même.

117 — Intérieur d'un couvent de religieuses ; il est orné de portraits de papes et cardinaux. Au premier plan, à droite, une supérieure présente une

orange à un perroquet ; près d'elle, debout, une religieuse et une servante ; du côté opposé, une autre religieuse assise.

T. sur toile.

DESSINS, GOUACHES ET GRAVURES.

118 — Les Heures d'après Raphaël, suite de douze gouaches napolitaines.

HARTMAN, à Bienne, en 1809.

119 — Vues de Suisse, six gouaches.

MORGHEN (Raphael).

120 — La Cène, gravée d'après Léonard de Vinci. Epreuve avant la lettre. Rare.

WOOLLETT (William).

122 — Mort du général Wolff, d'après B. West. Epreuve avant la lettre.

GODEFROY.

123 — La Bataille d'Austerlitz, d'après Gérard.

OBJETS DE CURIOSITÉ, ETC.

124 — La Vénus callipige ; jolie statuette demi-nature, en marbre blanc.

125 — Une Vénus accroupie, statuette en bronze vert sur piédestal orné de dorures.

126 — Cléopâtre, statuette en bronze vert avec ornements dorés sur plinthe en griotte.

127 — Deux statuettes d'amours, l'un tenant une corbeille de fruits, l'autre cueillant des fleurs, bronze au vert antique sur piédestaux en marbre blanc ornés de bronzes dorés.

128 — Une Vénus couchée, statuette en albâtre sur plinthe en serpentine verte.

129 — Deux bustes en marbre blanc, représentant les deux filles de Niobé.

130 — Deux bustes d'enfants en biscuit de Sèvres, par Brachard aîné.

131 — Deux vases forme bouteille en porcelaine de Chine bleu clair à dessins d'or.

132 — Deux chiens carlins en porcelaine de Saxe, qualité ancienne, sur socles en bois d'ébène, grains de bronze dorés. (Un peu mutilés.)

133 — Deux petites coupes en bronze doré sur piédestaux en marbre noir.

134 — Deux petites coupes rondes en bronze doré.

135 — Un lustre en bronze doré, avec cristaux.

136 — Deux paires de grands candélabres à six branches, en bronze, partie dorée, partie au vert antique.

137 — Une pièce de surtout, une corbeille, figures en bronze doré au mat.

138 — Deux candélabres à figure en bronze doré au mat. Pièces de surtout.

139 — Deux girandoles à quatre lumières, en bronze doré, du temps de l'empire.

140 — Deux paires de grands candélabres à figures égyptiennes en bronze au vert antique, avec ornements dorés.

141 — Deux candélabres à sept lumières, en bronze au vert antique.

142 — Deux grands candélabres à sept lumières, en bronze vert antique.

143 — Une paire de flambeaux du temps de l'empire, partie dorée et partie au vert antique.

144 — Une paire de petits flambeaux à trois cariatides, en bronze doré et au vert antique.

145 — Deux grandes lampes Carcel en bronze doré; les piédestaux, au vert antique, sont ornés de dorures.

146 — Deux lampes Carcel colonne trajanne en bronze au vert antique, avec ornements dorés.

147 — Deux grandes lampes Carcel en bronze doré, sur piédestaux au vert antique, avec dorures.

148 — Une grande pendule en marbre griotte d'Italie, ornée de bronzes dorés, avec groupe de figures en bronze au vert antique. (L'Amour et Psyché.)

149 — Une grande pendule en bronze doré. (L'Amour fait passer le Temps.)

150 — Une pendule-borne en marbre noir, mouvement régulateur à secondes et quantièmes, de Bruneau.

151 — Une pendule en marbre noir, forme borne, ornée de bronzes dorés; mouvement régulateur à secondes et quantièmes, de Redier.

152 — Une pendule à jeu de flûte, avec figures et attributs en bronze doré.

153 — Une pendule en bronze, avec figure de guerrier romain.

154 — Une petite pendule en marbre noir, en forme piédestal, supportant un cheval de bronze.

155 — Une petite pendule, Tête de Janus, en bronze doré.

156 — Plusieurs pièces d'argenterie montée, comme soupières, casseroles, etc.

157 — Quatre montres, dont un chronomètre de Breguet, une montre à   , etc.

158 — **Un meuble à hauteur d'appui,**
fermant à deux vantaux, en marqueterie de
Boule sur ébène, avec tiroirs, la tablette en
marbre vert de mer.

159 — **Une grande et belle table carrée,**
en mosaïque de Florence, d'un très beau travail et du plus bel effet, sur pied à quatre griffons en bois d'acajou sculpté.

160 — Deux grandes consoles en acajou, ornées de
bronzes dorés, à dessus de marbre portos.

161 — Deux autres plus petites, à dessus de marbre vert
de mer.

162 — Une grande pendule à musique, en bois d'acajou, avec temple à colonnes en marbre blanc et
chapiteaux en cuivre doré.

163 — Un joli jeu d'orgue anglais, en bois d'acajou,
orné de bronze doré.

164 — Un dessus de table, mosaïque d'échantillons de
marbres d'Italie.

165 — Une table à jouer en acajou, ornée de bronzes
dorés, style Louis XVI.

186 — Sous ce numéro se trouveront compris les divers objets qui auraient été omis au présent Catalogue.

www.ingramcontent.com/pod-product-compliance
Lightning Source LLC
Chambersburg PA
CBHW030100230526
45471CB00003B/1189